Ilona Bacher-Göttfried

W0465606

Die altägyptische Götterwelt

MPZ – Themenhefte
zur Ägyptischen Kunst und Geschichte

MPZ

Inhaltsverzeichnis

Abkürzungen: AR = Altes Reich
MR = Mittleres Reich
NR = Neues Reich

Zu dieser Handreichung ist für Lehrer aller Schularten ein Beilagenblatt kostenlos erhältlich beim MPZ, Barer Str. 29, 80799 München.

© MPZ, 1994

2. Auflage 1998
Redaktionelle Begleitung: Dr. Hans-Uwe Rump,
Dr. Sylvia Schoske

Layout: Ilona Bacher-Göttfried M.A., Carlo Melchers

Druck: Universitäts-Druckerei und Verlag Dr. C. Wolf & Sohn KG, München

ISBN 3 929 862 28 X

Umschlagfoto: Statue eines Falkengottes
Gl. WAF 22; Syenit; Neues Reich,
19. Dynastie, um 1250 v. Chr.

Zu dieser Handreichung

Die altägyptische Kultur übt bis heute eine ungebrochene Faszination aus. Bei einem Besuch der Staatlichen Sammlung Ägyptischer Kunst in München kann das bereits Bekannte vertieft, aber auch neues Wissen erworben werden. Das Museum bietet zu vielerlei Themen eine Auswahl hervorragender Exponate, die den Besuch (gerade auch für Schüler) zu einem Erlebnis werden lassen. Diese Handreichung ist zur Vor- oder Nachbereitung eines solchen Museumsbesuches gedacht.
Themen, die in den Schulbüchern nur kurz oder unzureichend behandelt werden, können vor Ort bei einer Führung durch ausgebildetes Führungspersonal besprochen und anhand der Exponate lebendig behandelt werden. Die Standortnummern der Objekte sind jeweils in den Bildunterschriften angegeben (siehe auch Plan Seite 32).
Hintergrundinformationen zum Thema „Ordnungsprinzipien der altägyptischen Götterwelt", zu Tempel und Kult bilden den ersten Teil der Handreichung. Anschließend findet der Leser eine Beschreibung und Einordnung der Exponate, bei denen manchmal auch altägyptische Götterhymnen zitiert werden. Eine Chronologie, eine Kurzbeschreibung wichtiger Orte und Literaturhinweise folgen.
Durch Einzelthemen zum Überlegen und Diskutieren, die zusätzlich bei den einzelnen Exponaten aufgeführt sind, soll die Komplexität eines solchen Museumsbesuches veranschaulicht werden. Diese Themen erheben nicht den Anspruch auf Vollständigkeit, sondern sie basieren auf Erfahrung. Die dort angesprochenen Fragen wurden immer wieder bei Führungen (circa 300 Schulklassenführungen im Jahr) gestellt und diskutiert. Es gibt aber noch weitaus mehr Themenkomplexe, die an diesen Stellen auftauchen können (z.B. Material und Werkstoffverfahren, Beruf und Handwerk usw.).
Alle Objekte des Museums sind Originale. Es wurde weder etwas nachgebaut noch nachgemalt. Die Exponate dürfen nicht angefaßt werden, auch nicht die Steinobjekte, denn auch sie leiden unter häufiger Berührung.

Götter und Kult im alten Ägypten

Die altägyptischen Götter im Spiegel der Nachwelt

Schon in der Antike zeigten sich Abneigung und Ablehnung gegenüber den Erscheinungsformen der altägyptischen Götterwelt. Ihr Charakteristikum, das ungewohnte Mischwesen, trifft auf eine ablehnende Haltung bei Menschen, in deren Götterhimmel nur menschengestaltige Götter anzutreffen sind. So spricht schon Lukian im 2. Jh. n. Chr. vom: »hundsgesichtigen Gott, von Affen, Ibissen, Ziegenböcken und anderem Lächerlichem«.

Durch die Kirchenfürsten hat sich diese Vorstellung bis in die Neuzeit tradiert. In ihren vielen Mischgestalten blieb die altägyptische Götterwelt verwirrend. So schrieb noch Goethe in seinen »Zahmen Xenien« von den »hundsköpfigen Göttern«, und Thomas Mann karikierte teilweise die altägyptischen Götter in seinem Roman »Joseph und seine Brüder«.

Wissenschaftliche Annäherung

Emmanuel de Rougé beschäftigte sich um die Mitte des vorigen Jahrhunderts ausführlich mit der altägyptischen Religion und kam zu der Überzeugung, daß sie in ihrer Grundidee monotheistisch sei. In einem Vortrag erklärte er: »Ich sage ›Gott‹, nicht ›die Götter‹, denn der Haupt- und Grundzug der ägyptischen Religion ist die Einheit...«. De Rougé nimmt altägyptische Texte zur Untermauerung seiner Aussage zu Hilfe. Zahlreiche auf ihn folgende Wissenschaftler haben sich mit dem Problem Monotheismus oder Polytheismus auseinandergesetzt, in jüngerer Zeit etwa Jan Assmann oder Erik Hornung (vgl. Literaturhinweise).

Die Ägyptologie nimmt zur Untersuchung dieser Frage zwei wichtige Grundlagen zu Hilfe: einmal das Bild, die Darstellung eines Gottes (Ikonographie) und zum anderen die Benennung, die häufig die Darstellung komplettiert. In zahlreichen Inschriften auf Tempel- und Grabwänden, Statuen, Stelen und Papyri werden Götter erwähnt, wobei das Auftauchen eines Namens einer bestimmten Gottheit nicht immer mit ein und derselben Gestalt dieser Gottheit einhergeht. Ausführliche Texte, die über Götter, Kult und Religion berichten, sind oft sehr späte Niederschriften, von denen dann auf frühere Epochen geschlossen wird. Daß dies sehr problematisch ist, läßt sich auch am Beispiel des christlichen Glaubens verdeutlichen: Während man heute das Bild eines verzeihenden, milden Gottes hat, war das Bild desselben Gottes im Mittelalter das eines strafenden, zu fürchtenden Gottes.

Späte Einflüsse

Zu den ägyptischen Glaubensvorstellungen kamen in der Spätzeit noch Einflüsse ausländischer Religionen hinzu. Fremde Götter wurden mit altägyptischen Göttern gleichgesetzt und identifiziert, so z.B. die ägyptische Kriegsgöttin mit Astarte, der Gott Thoth wurde mit dem griechischen Gott Hermes verglichen und Imhotep, der vergöttlichte Baumeister, verschmilzt mit dem Heilgott Asklepios.

Altägyptischer Synkretismus

Unter dem Ausdruck Synkretismus versteht man im allgemeinen eine Verschmelzung. Dies trifft jedoch auf die altägyptische Götterwelt so nicht zu. Da der Synkretismus in Ägypten keine dauernde, sondern jederzeit wieder lösbare Verbindung bedeutet, wäre es besser von »Einwohnen in einen Gott« zu sprechen. Dies soll am Sonnengott Re verdeutlicht werden.

Ab der 2. Dynastie erfährt der Sonnengott Re eine wachsende Popularität, ab der 4. Dynastie werden manche Königsnamen mit Re gebildet (theophore Namen) und einer der Königstitel lautet »Sohn des Re«. In der 5. Dynastie werden Sonnenheiligtümer erbaut (Stellung des Sonnengottes wird in der Architektur verdeutlicht). Ab der 6. Dynastie galt Re als der Schöpfergott schlechthin. Soll nun (später) Amun in der Funktion als Schöpfergott gezeigt werden, so wird er als Amun-Re bezeichnet. Seine Bedeutung als Sonnengott wird damit hervorgehoben. Dies kann sowohl in der Ikonographie als auch durch die Namensgebung Ausdruck finden. Anhand dieses Beispiels wird deutlich, daß Synkretismus nicht die Aufgabe von Identität bedeutet, sondern eine Verbindung zweier Gottheiten zu einer neuen Gestalt mit mehreren Funktionen. Betrachtet man den altägyptischen Synkretismus von diesem Blickwinkel aus, ist es auch nicht verwunderlich, daß scheinbare Gegensätze überwunden werden konnten.

Pantheon

Die Austauschbarkeit von Göttern und das Nebeneinander der verschiedensten Gottheiten zeigt sich auch im altägyptischen Tempel. Zwar wurde jeder Tempel für einen speziellen Gott oder eine göttliche Familie (Triade) errichtet, aber an solch einem Ort waren Götter aus ganz Ägypten versammelt. Sie wurden an Wänden und Säulen dargestellt oder inschriftlich aufgeführt. In jedem Tempel gab es also um die Hauptgottheiten herum zahlreiche andere Gottheiten, die die spezielle Konstellation eines Pantheons bildeten. Ein starker Gegensatz zur christlichen Religion, denn an erster Stelle der 10 Gebote heißt es: *»Du sollst keine anderen Götter neben mir haben«*. Für die Ägypter bedeuteten viele Götter in einem Tempel die Abdeckung vieler Funktionen, also eine größere Sicherheit und umfassende Universalität.

Pantheistische Gottheiten

Ein Gott konnte vielfaltige und vielschichtige Funktionen in sich vereinen. Gerade in der Spätzeit erfreuten sich Götter, die viele Zuständigkeitsbereiche abdeckten, besonderer Beliebtheit. Diese »pantheistischen« Götter wurden mit zahlreichen ikonographischen Details dargestellt, die weit über die einfache Kombination Mensch/Tier hinausgehen. Vielfältige Elemente wurden kombiniert (Flügel, Tierschwanz, menschlicher Körper etc.), die diese Götter in das Reich der »Fabelwesen« rückten. Die Verbindung von verschiedenen Gestalten ist damit Ausdruck der unterschiedlichsten Funktionen und läßt pantheistische Gottheiten besonders wirksam erscheinen.

Das überaus komplexe System der altägyptischen Götterwelt findet seine Gliederung durch verschiedene Ordnungskriterien wie etwa das Übertragen der weltlichen Ordnung auf die göttliche, übermenschliche Welt.

Die Familie

Die Götterfamilien sind nach derselben Struktur wie die der weltlichen Kleinfamilie gegliedert: So hat der männliche Gott die Vaterrolle inne, die Göttin – seine Gemahlin – wird mit der weltlichen Mutter identifiziert, und der jugendliche Gott ist das Kind. Meist ist das göttliche Kind ein Junge und nur in seltenen Fällen ein Mädchen. Dies hängt mit der Gleichsetzung des ägyptischen Königs mit der Kindgottheit zusammen. Auch in der christlichen Religion gibt es ja die Trinität, aber nicht Vater, Mutter und Kind, sondern Vater, Sohn und heiliger Geist.

Ortsgötter

Ein weiteres Ordnungsprinzip in der altägyptischen Götterwelt ist das der Ortsgötter. Jede ägyptische Gottheit ist an einem speziellen Ort beheimatet und bildet dort die Hauptgottheit am Tempel. Man verband mit einem Götternamen oft eine bestimmte Ortschaft. So assoziierte man mit Osiris die Stadt Abydos in Oberägypten. Abydos war in der Frühzeit königliche Nekropole (Friedhof) und wurde im Mittleren Reich zur Hauptkultstätte von Osiris. Dadurch wurde Abydos zum Wallfahrtsort, an dem man Kapellen und Schreine in Form von Scheingräbern errichtete. Im Neuen Reich fand ein frühzeitliches Königsgrab als Grab des Osiris Verehrung. Osiris konnte auch in anderen Tempeln verehrt werden, jedoch nicht als Hauptgottheit.

Die Lokalgötter werden ab dem Neuen Reich von »jüngeren« Göttern verdrängt, die überall in Ägypten verehrt wurden.

Funktion

Die genannten Ordnungsprinzipien sagen weder etwas über die Funktion noch über die Erscheinungsform der Gottheiten aus. Eine Gottheit kann viele Funktionen inne haben, aber verschiedene Götter können auch ein und denselben Wirkungskreis besitzen. So verkörpern Re-Harachte die Morgensonne (= der jugendliche Sonnengott), Re die Mittagssonne (= der universale Sonnengott, der in seiner Barke über den Tageshimmel fährt), Atum die Abendsonne (= die abendliche Erscheinung des universalen Sonnengottes). Hier sind also drei Götter für eine Funktion zuständig. (Eine Ausnahme bildet die Amarnazeit, um 1350–1333 v. Chr.).

Auch andere Wirkungsbereiche werden von verschiedenen Gottheiten abgedeckt wie etwa die Mutterschaft:

Neith	– als Mutter der Götter
Nut	– als Mutter der Götter
Isis	– als Mutter des Götterkindes (ab dem Neuen Reich Mutter aller Götter)
Hathor	– als Kuh, an deren Euter der König säugt.

Ein Gott – viele Gestalten

Die Erscheinungsformen eines Gottes (einer Göttin) sind wandelbar. Je nachdem, welcher Aspekt des Gottes unterstrichen werden soll, ändert sich sein Erscheinungsbild. So kann ein und dieselbe Gottheit als Mensch dargestellt werden, wie z. B. Amun, wenn er in der Funktion als König der Götter auftritt, aber auch Tiergestalt annehmen.
Verkörpert Amun nun eine andere bzw. weitere Funktion, z.B. Fruchtbarkeit, so ist es möglich, dies durch eine andere Gestalt, hier durch die eines Widders auszudrücken. Als Schlange kann Amun dargestellt werden, wenn der Aspekt des Urgottes deutlich gemacht werden soll. Die dritte Variante der Darstellungsweise des Amun ist das Mischwesen: ein Mensch mit Widderkopf. Auch hier wird der Fruchtbarkeitsaspekt hervorgehoben. Die Darstellung einer Gottheit als Mischwesen ist sehr häufig. Hierfür gibt es eine einfache Erklärung: Eine solche Gestalt ist nicht menschlich, sondern übermenschlich und damit göttlich.
Jede Gottheit besitzt darüber hinaus noch ein spezielles Attribut. Die Lattichpflanze ist z.B. das Symbol für den Gott Min. Die Ägypter verbanden mit dem Auftauchen dieser Pflanze sofort Min, auch wenn der Gott weder dargestellt wurde noch inschriftlich Erwähnung fand. (Vgl. das christliche Kreuz.)
Da diese Ordnungsschemata in der altägyptischen Religion nebeneinander herlaufen, muß man sich beim Betrachten einer zweidimensionalen oder rundplastischen Wiedergabe eines Gottes immer fragen:

- *Ist eine Inschrift vorhanden, die eine Benennung ermöglicht?*
- *Welche Symbole und Attribute sind vorhanden?*
- *Aus welchem Ort und von welchem Tempel kommt das Exponat?*
- *Aus welcher Zeit stammt es?*

Erst aus der Beantwortung dieser Fragen ergibt sich vielleicht eine sichere Benennung des Gottes und damit ein Rückschluß auf seine Funktion. In vielen Fällen wird dies jedoch mehrdeutig bleiben, und es müssen mehrere Möglichkeiten in Betracht gezogen werden.

Tempel

Tempel in Ägypten sind seit protodynastischer Zeit nachweisbar. Die zuerst aus vergänglichem Material (Nilschlammziegel) gebauten Heiligtümer werden ab der 3. Dynastie aus Stein gefertigt. Die altägyptische Bezeichnung lautet Hut-Netscher (Haus des Gottes, Gotteshaus).
Erbaut auf dem ersten Stück Land, das sich aus dem Urgewässer erhob, ist der Tempel das Abbild des Kosmos:

- *Wellenförmige Umfassungsmauern und heiliger See symbolisieren den Urozean (Nun);*
- *die Abfolge der aufeinanderfolgenden Räume, deren Fußbodenniveau ansteigt und deren Decke sich gleichzeitig senkt, machen den Kultbildraum zur höchsten Stelle des Tempelbodens, dem Urhügel, von dem aus die Schöpfung der Welt erfolgte;*
- *die Sumpflandschaft, das Papyrusdickicht, aus dem das Leben sprießt, wird durch die Hypostylhalle, die Säulenhalle, dargestellt;*
- *die Säulen symbolisieren die Natur; die Schäfte der Säulen sind die Pflanzenstengel, die Kapitelle werden aus Blüten und Blättern gebildet (Lotos, Papyrus, Palmen);*
- *das Wasser wird durch den silberverkleideten Fußboden wiedergegeben;*
- *die Decke symbolisiert den Himmel (Sternenmuster und/oder die Himmelsgöttin Nut)*
- *und die hohen Türme der Eingangstore stellen die beiden Horizontberge dar, zwischen denen die Sonne im Osten aufgeht und das Leben erst möglich macht.*

Beim Bau wachsen die Tempel, Zwiebelschalen ähnlich, von innen nach außen. Das Allerheiligste, der Kultbildraum, bildet den Kern. Es war die Pflicht eines jeden Königs, die »Wohnung« der Götter zu erweitern und zu vergrößern. Am Tempel von Karnak wurde so über zwei Jahrtausende dazugebaut, erweitert und verändert. Die Orientierung der Tempel ist auf den Nil bezogen (Ost-West Achse). War dies aus topographischen Gründen nicht möglich, so wurde an die Tempelwände die Idealorientierung geschrieben, und somit hatte die Ausrichtung ihre Gültigkeit. An den Außenmauern eines Tempels finden sich eher Abbildungen des Profanbereiches (König bei Kriegszügen und auf der Jagd). Im Inneren werden in Kultszenen die zahlreichen Götter des Landes dargestellt und benannt.

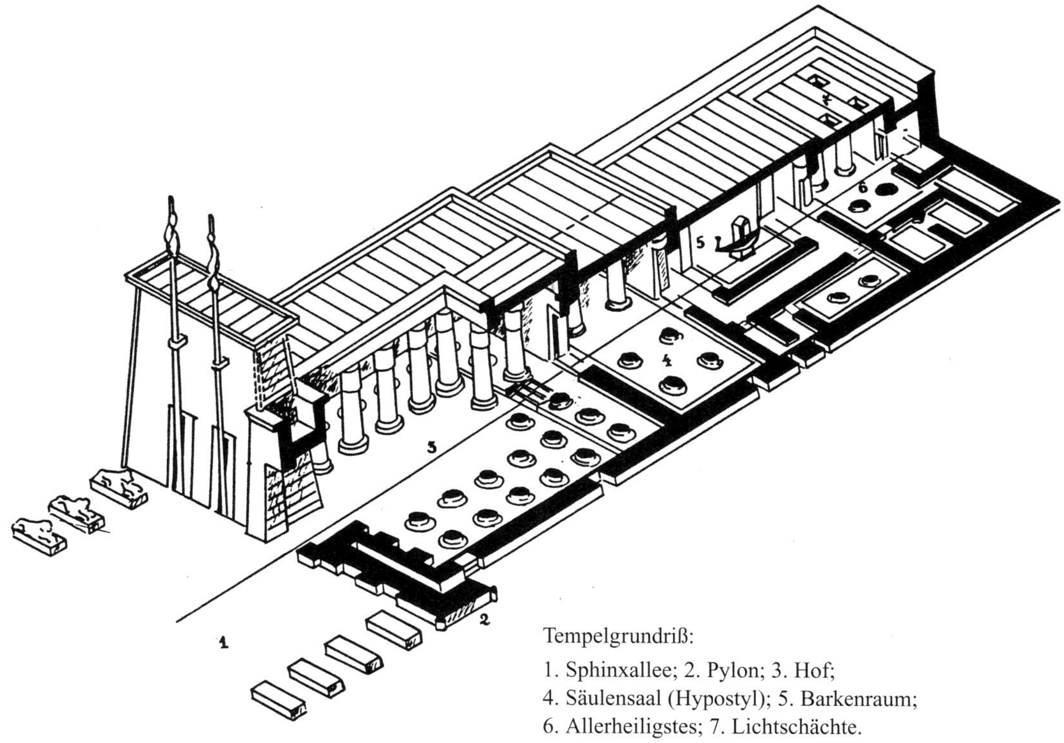

Tempelgrundriß:
1. Sphinxallee; 2. Pylon; 3. Hof;
4. Säulensaal (Hypostyl); 5. Barkenraum;
6. Allerheiligstes; 7. Lichtschächte.

Götterkult und Kultstatue

Das Allerheiligste eines Tempels war der Wohnort des Gottes. Dort befand sich die kleinformatige Kultstatue, die aus Edelmetall bestand. In dieser Kultfigur ruhte der Gott, der täglich zufriedengestellt werden mußte. In Vertretung des Königs vollzog dreimal täglich der oberste Priester das Kultbildritual: Er betrat das Allerheiligste und rief den Gott beim Namen. Dann wurde das Götterbild mit Wasser und Weihrauch gereinigt, danach folgte die Salbung und das Schminken, das Bekleiden und das Anlegen des Schmuckes. So wurden weltliche Gepflogenheiten auf die Götterwelt übertragen.

Priester und Kult

Der oberste Priester in Ägypten war der König. Da er sich selbst von den Göttern herleitete (Königstitulatur: »Sohn des Sonnengottes Re«), hatte er eine Position inne, die sich zwischen den Göttern und den Menschen befand. Er hätte eigentlich an jedem Tempel das tägliche Kultbildritual vollziehen müssen, was in der Realität nicht durchführbar war. Deshalb wurde er durch den jeweiligen obersten Priester eines Tempels vertreten. Die Abbildungen des Königs auf den Tempelwänden beim Vollziehen des Kultes lassen ihn aber trotzdem stets präsent sein.

Der König mit Kultgeräten und -gefäßen vor der göttlichen Familie in Edfu

An jedem Tempel gab es zahlreiche Priesterinnen und Priester, deren Positionen hierarchisch gegliedert waren. Generell hatte jeder hohe Beamte ein Priesteramt inne, und selbstverständlich versahen auch die Angehörigen des Königshauses ein solches Amt. Die Priester trugen eine besondere Tracht, und ihre Köpfe waren geschoren. Bevor ein Priester bestimmte Räume eines Tempels betrat, vollzog er Reinigungsriten (Befreien von Schmutz ist im übertragenen Sinne Befreien von »Sünde«, vgl. Taufe).

Mittlerfiguren und ihr Aufstellungsort

In Ägypten konnte nicht jeder bis ins Allerheiligste zum Kultbildschrein (Naos) des Tempels vordringen, das »einfache Volk« kam nur in die großen Höfe vor den Tempeln. In diesen standen Statuen, die dazu dienten, die Gebete und Bitten an den Gott weiterzuleiten, sog. Mittlerfiguren. Häufig ist der König dargestellt, aber auch berühmte Persönlichkeiten, wie Baumeister und hohe Beamte.

Götterstatuen

Großformatige Götterstatuen wurden entlang der Wege zum Tempel, in den offenen Höfen des Tempels und im Eingangsbereich aufgestellt. Sie waren oft lebens- oder überlebensgroß und nicht aus Metall, sondern wegen der Witterung meist aus Stein hergestellt. Es gab zahlreiche Götterstatuen in einem Tempel, und die verschiedensten Gottheiten wurden auch auf den Tempelwänden abgebildet. Während in der Bibel steht: *»Du sollst Dir kein Bild machen...«*, hatte der altägyptische Künstler geradezu den Auftrag, viele Bilder eines Gottes zu produzieren.

Götterfeste

Bei großen Götterfesten, an dem das ganze Volk teilnahm, wurde die Kultstatue aus dem Kultbildraum herausgeholt und in einer Barke (hier: kleines tragbares Götterschiff) zur großen Götterbarke am Nil gebracht. Der Gott (die Göttin) besuchte nun den jeweiligen Gatten in einem anderen Tempel und feierte mit diesem die »Heilige Hochzeit«. Deshalb gehört auch zu jedem Tempel ein Geburtshaus, das Mammisi, wo die Geburt des göttlichen Kindes erfolgte.
Auf dem Weg zum »Gatten« und zurück säumte das Volk die Ufer des Nils und jubelte dem Gott zu. Es gab Musikanten und Tänzerinnen, die die Barke begleiteten. Und das Volk konnte beim Treideln (Ziehen) des Götterschiffes mit Hand anlegen. Während des Festes, das sich über einen längeren Zeitraum erstrecken konnte, war die Kultstatue für das Volk nie sichtbar, sondern im Kultbildschrein verborgen.

Tempel als Wirtschaftsfaktor

Tempel waren nicht nur religiöse Einheiten, sondern sie bildeten auch einen wesentlichen wirtschaftlichen Faktor. Es gab Tempelschätze, Tempelgüter, Werkstätten sowie Schreiber- und Ärzteschulen an ihnen. Wurde ein Tempel geschlossen, so hieß dies auch Verlust von Arbeit und Wohlstand (z.B. in der Amarnazeit, als Echnaton zugunsten seines einzigen Gottes Aton, der Sonne, alle anderen Tempel schließen ließ). Daß der Tempelbetrieb eine Verquickung weltlicher und religiöser Einheiten ist, ist schon in der Gestalt des Königs manifestiert. Er ist zugleich die oberste Instanz im Staat und der oberste religiöse Herrscher (Absolutismus).

Horus

11a Statue eines Falkengottes
Gl. WAF 22; Syenit (Assuangranit);
Neues Reich, 19. Dynastie, um 1250 v. Chr.

Der Gott Horus wird hier als Stand-/Schreitfigur mit vorgesetztem linken Fuß dargestellt (Statik-Ruhe / Dynamik-Schreiten). Die überlebensgroße Statue bildet eine Einheit mit der Basisplatte und mit dem Rückenpfeiler. Beide Arme sind, nach unten ausgestreckt, an den Körperseiten anliegend, wobei die rechte Hand geöffnet ausgestreckt dargestellt ist und die linke eine Faust ballt, in der sie das Lebenszeichen »Anch« hält. Der Gott trägt einen Falkenkopf auf seinem männlichen Körper. Der Übergang des Falkenkopfes zum menschlichen Körper wird teilweise durch die Perücke, die auf beiden Seiten bis auf die Brust und auf den Rücken herabfällt, verdeckt. Zwischen den Haarsträhnen und auf dem Schulterbereich ist ein breiter, sechsreihiger »Schulterkragen« zu sehen, ein Schmuckstück, das im Original aus Blüten oder Perlen bestand. Bekleidet ist der Gott mit einem teilweise plissiertem Schurz, der oberhalb der Knie endet und dessen oberer Abschluß, unterhalb des Bauchnabels, durch einen Gürtel mit inschriftloser Gürtelschließe gebildet wird (typischer Götterschurz).

Der Aspekt des Fliegens (Himmelsgott), des scharfen Sehens und des Raubvogels (das Gefährliche) wird durch den Falkenkopf in der Darstellung des Mischwesens besonders deutlich. Horus gehört zu der Triade von Dendera und Edfu: Horus (Vater), Hathor (Mutter) und Sohn Ihi. Sein Hauptkultort befand sich in Edfu. Dort steht der heute besterhaltene Tempel aus der altägyptischen Zeit. Andere Gottheiten, die als Mensch mit Falkenkopf dargestellt werden können, sind:

Re – Sonnengott
Sokar – Handwerks- und Totengott
Month – Kriegsgott
Chons – Mondgott

Sachmet

11 Sachmet
Gl. 67; Granit;
19. Dynastie, um 1250 v. Chr.

Lob, Lob deinem schönen Antlitz,
du Edle des Ptah-Tempels,
Sachmet, die Große, Herrin des Himmels;
Kopfschmuck des Re,...
Sie gibt, daß der Angreifer umzingelt wird und eilt, ihn zu packen,
nachdem sie ihren 'Dreißigerspeer' umfaßt hat.
Sachmet, die Große, die Ptah liebt,
Herrin des Himmels, Herrscherin der beiden Länder.

Mögt ihr eine schöne Lebenszeit gewähren ohne Krankheitsboten,
mein Leib frei von Leid,
mein Gesicht offen, meine Ohren aufgetan,
das Leben ohne Abkürzung....
(Assmann, 466 Nr.223)

Die Statue der Göttin Sachmet ist eine Standfigur mit Basisplatte (zerstört) und Rückenpfeiler. Auf dem weiblichen Körper ist ein männlicher Löwenkopf zu sehen, die Mähne des Tieres ist im Relief wiedergegeben. Auch hier (siehe Horus) ist der Übergang Tier/Mensch durch eine dreiteilige Perücke verdeckt. Der rechte Arm der Göttin ist an der Körperseite nach unten ausgetreckt. In ihrer rechten Hand hält sie das »Anch«. Ihr linker Arm ist vor den Körper gelegt, mit der linken Hand umfaßt die Göttin einen Pflanzenstengel, der in einer geöffneten Blüte endet. Bekleidet ist Sachmet mit einem enganliegenden Kleid.
Sachmet ist die Göttin des Krieges. Um das Gefährliche einer Kriegsgottheit auszudrücken, stellte man diese als Mischwesen (Frau mit männlichem Löwenkopf) dar, denn der Löwe wurde für gefährlich, wild, tapfer und mächtig gehalten. Von Sachmet wird gesagt, aus ihr ginge die Feuersglut hervor, die die Glieder der Feinde verbrenne. Aus demselben Grund ist sie auch die Krankheitsgöttin, die Pest und Seuchen bringt. Sachmet gehört zur Triade von Memphis: Sachmet (Mutter), Ptah (Vater) mit dem jugendlichen Nefertem.
Daß es sich bei beiden Statuen um Gottheiten handelt, wird an zwei Kriterien sichtbar:

- Beide sind Mischwesen, die es in der Natur nicht gibt (siehe »Ein Gott – viele Gestalten«);
- beide halten sie das Lebenszeichen »Anch« in der Hand: Nur ein Gott kann Leben geben.

Der Aufstellungsort ist durch die Größe und die Materialwahl eindeutig zu bestimmen (vgl. »Kultbildstatue und Götterstatue«), die Statuen waren im Vorfeld des Tempels aufgestellt. Beide Götter können auch andere Erscheinungsformen annehmen (siehe Horus).

Themen zum Überlegen und Diskutieren:

- *Unterschied zur christlichen Religion (Mischwesen, Bildnis)*
- *Ist die Gottesvorstellung auch mit kriegerischen Elementen behaftet oder wird eher von Vergebung gesprochen (Unterschied AT/NT)?*
- *Warum tragen diese Götter Perücken (künstlerische Technik, aber auch Übertragung von weltlichem Gebaren auf die Götterwelt)?*

Kultbildstatue des Krokodilgottes Sobek

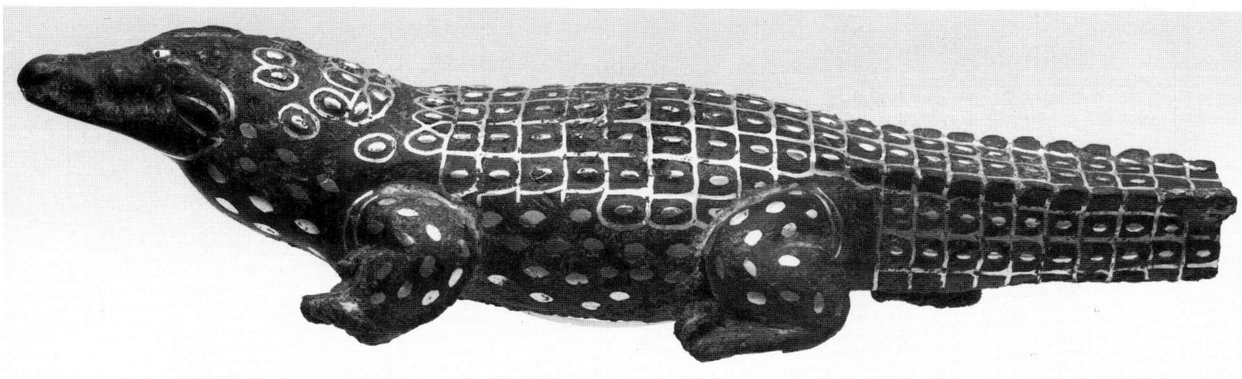

43a Krokodilstatue
ÄS 6080; Bronze, Niello, Elektron
Mittleres Reich, 12. Dynastie, um 1850 v. Chr.

Sei gegrüßt, der du im Urwasser aufgehst,
Herr des Tieflandes, Herrscher des Wüstenrandes,
(...) der die Lagunen durchfährt.
Mächtiger Gott, dessen Zugriff man nicht sehen kann,
der vom Raub lebt.
Der stromab fährt in seiner Schönheit
und stromauf, nachdem er viele Male vollendet hat.
Ebenbild des Re, Großer Luftspender,
der aus der Flut kommt.
Herrscher der Flüsse, Fürst der Winde,
begattender Stier, Herr der Liebe,
Herr der Nahrung, der sich selbst beschenkt,
Gelockter, der die Räuberei liebt.
(Assmann, 424, Nr. 203).

Das realistische Aussehen des Krokodiles wird durch die Ausformung der Augen, durch die gefletschten Zähne und die sprungbereiten Beine hervorgerufen. Die einzelnen Schuppen des Rückenpanzers sind hingegen eher abstrakt dargestellt. Die Wahl des Materials – der Krokodilkörper besteht aus Bronze, in den Drähte aus Elektrum (Gold/Silber-Legierung) eingelassen wurden –, die sorgfältige Bearbeitung – zuerst wurde ein Bronzehohlguß mit Wachsausschmelztechnik hergestellt und dann aufwendig weiterverarbeitet – und das wertvolle Material weisen auf eine Kultstatue hin. Ein weiteres Kriterium, das für eine Kultstatue spricht, ist das Format des Objektes (siehe »Kultstatue und Götterstatue«) .
Die Kultstatue ist dem Krokodilgott Sobek zuzuordnen. Dieser hatte zwei Hauptkultorte, der früheste archäologisch belegte Tempel befand sich in Fayum, dem vermutlichen Fundort der Statue. Sobek war Fruchtbarkeits-, Schöpfer- und Urgott. Er konnte als Krokodil, aber auch als Mensch mit einem Krokodilkopf dargestellt werden.

Themen zum Überlegen und Diskutieren:

- *Wie weit darf man in christliche Kirchen hinein?*
- *Wie sieht das Symbol für den christlichen Gott aus?*
- *Wo befindet sich in christlichen Kirchen dieses Symbol?*
- *Wie stellen sich Christen ihren Gott vor, obwohl geschrieben steht »Du sollst Dir kein Bild machen«?*
- *Wie ›funktionierte‹ ein Tempel?*

Thutmosis III.

59 Kniefigur Thutmosis III.
Gl. 88; Kalzit; Karnak, Festtempel Thutmosis' III.
Neues Reich, 18. Dynastie, um 1450 v. Chr.

Die Kniefigur Thutmosis' III., deren unterer Teil erhalten geblieben ist, zeigt den König in der Haltung eines Opfernden vor dem Gott. Zwar weist die Statue Zerstörungen auf (Oberkörper, Arme und Hände fehlen), aber aufgrund des Bruches ist die Arm- und Handhaltung einfach zu rekonstruieren: Die Arme waren auf den Oberschenkeln aufgestützt, und die Hände hielten Opfergefäße. Bekleidet ist der König mit einem dreiteiligen plissierten Königsschurz, dessen unterer Abschluß oberhalb der Knie endet, der obere Abschluß wird von einem Gürtel mit Schließe gebildet. Die Identität des Königs ist durch die Inschrift auf der Gürtelschließe eindeutig zu klären.
Es ist Thuthmosis III. Der Aufstellungsort wird auf der abgerundeten Basis in einer Inschriftenzeile genannt: Es war der Festtempel von Thutmosis III. im Tempelareal von Karnak.
Der König tritt hier als Vermittler auf. Die Mittlerfigur weist in der Inschriftenzeile auf der Basisplatte Vertiefungen auf. Sichtbar ist, daß die Inschrift nicht mutwillig oder zufällig zerstört wurde. Hier haben die Betenden durch Berühren mit den Händen die Beschriftung abgegriffen und durch Libationen (Wasserspenden) den Stein ausgewaschen (vgl. ausgetretene Steintreppen oder Heiligenfiguren und den Löwen vor der Münchner Residenz).

Themen und zum Überlegen und Diskutieren:

- *Warum muß diese Statue im Tempelbereich aufgestellt gewesen sein? Zu den oben angeführten Kriterien läßt sich noch eines finden: Der König kniet nur vor einem, der noch »höher gestellt« ist als er.*
- *Benötigt die christliche Religion auch Mittler?*
- *Befinden sich in christlichen Kirchen auch Figuren, die nicht göttlichen Ursprung sind?*
- *Wie werden diese genannt?*

Amarna

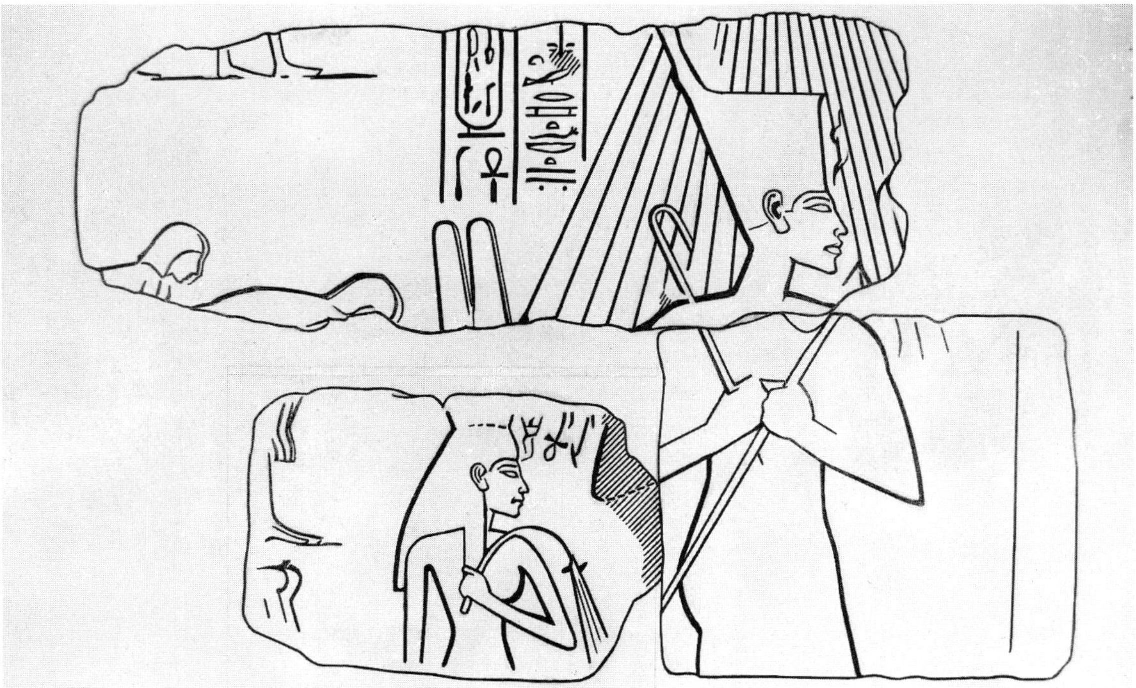

Rekonstruktion einer Szene mit Blöcken aus verschiedenen Museen (München, Boston)

66,66a Amarna; ÄS 4231; Sandstein; Karnak; Neues Reich, 18. Dynastie, um 1345 v. Chr.

Um 1365 v. Chr. bestieg König Amenophis IV. (»Amun-ist-zufrieden«) den ägyptischen Thron. Mit ihm änderte sich die Staatsreligion, denn er verehrte nur noch einen Gott -Aton- in der Erscheinungsform einer Sonnenscheibe (Monotheismus). Sie befindet sich fern am Himmel, ihre Strahlen aber reichen bis auf die Erde herab. Amenophis IV., der sich ab seinem 5./6. Regierungsjahr Echnaton (»dem-Aton-wohlgefällig«) nannte, ließ zuerst in der Nähe des Tempels von Karnak, der eigentlich das Haupttheiligtum des Gottes Amun war, neue Kultstätten errichten. Später gründete er eine neue Stadt, die Achetaton (»Lichtort-des-Aton«) hieß, und der gesamte Königshof mit allen zugehörigen Werkstätten und Beamten zog nach Mittelägypten in die neue Hauptstadt. Um das Gebiet der Stadt abzugrenzen, wurden Grenzstelen in allen vier Himmelsrichtungen aufgestellt.
Aus dem Karnaktempel stammen die Wandblöcke Nr.66/66a, auf denen noch die Strahlen der Sonne zu sehen sind. Die Sonnenstrahlen (Aton, ist im Unterschied zu anderen Gottheiten kein Lebewesen) enden in Händen, die alternierend das Lebenszeichen Anch und das Glückssymbol Was halten. Darunter befindet sich Echnaton und hinter ihm seine große königliche Gemahlin Nofretete. Die Strahlenhände treffen auf das königliche Paar und zeigen damit, wie Aton alles Leben auf Erden erschafft.
Durch die Abbildungen einer Brauerei und einer Bäckerei (67) gewinnt man einen Einblick in das Umfeld eines Aton-Tempels in Amarna.
Nicht nur die Religion, sondern auch die Kunstrichtung ändert sich während der Herrschaft von Echnaton. Betrachtet man die Szenen, so wird die freie, ungezwungene Wiedergabe des täglichen Lebens deutlich. Die Diesseitsbezogenheit, die hier in einer Art »Momentaufnahme« dargestellt wird, tritt in den Vordergrund.
Im Kult tritt ebenfalls eine gravierende Änderung ein: Nicht mehr der oberste Priester vollzieht ihn, sondern das königliche Paar mit seinen Töchtern übernimmt selbst diese Aufgabe.

Echnaton, Nofretete und ihre Töchter beim Opfer vor dem Sonnengott Aton

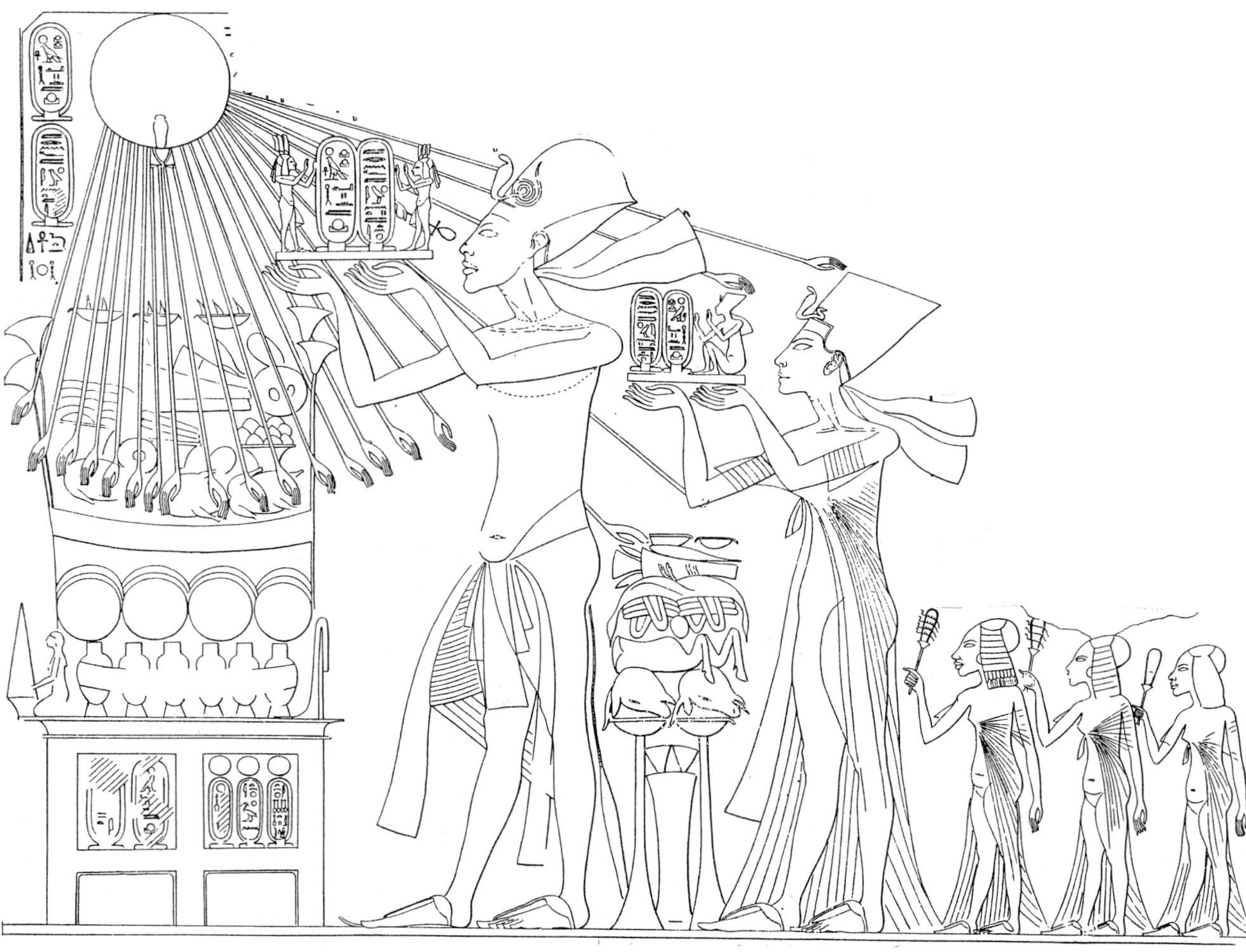

Hausaltäre, die die königliche Familie unter Aton zeigen, sind in Privathäusern aufgestellt. Ein neuer Typ von Götterhymnen, die sog. Sonnengesänge, Loblieder auf Aton, von Echnaton verfaßt, taucht auf. In den Sonnengesängen wird nochmals der lebensgebende Aspekt der Sonne (Aton) unterstrichen.

Psalm 104 in Auszügen

Du lässest Gras wachsen für das Vieh
und Saat zu Nutz des Menschen.
daß Du Brot aus der Erde hervorbringst,
Die Bäume des Herrn stehen voll Saft,
die Zedern des Libanon, die er gepflanzt hat. (...)
Wenn aber die Sonne aufgeht, heben sie sich davon
und legen sich in ihre Höhlen.

So geht dann der Mensch aus an seine Arbeit
und an sein Werk bis an den Abend. (...)

Da ist das Meer, das so groß und weit ist,
da wimmelt's ohne Zahl, große und kleine Tiere.

Dort ziehen Schiffe dahin;
da sind große Fische, die du gemacht hast, damit zu spielen.

Sonnenhymnus

Am Morgen bist du aufgegangen im Lichtland
und bist strahlend als Sonne des Tages.

Du vertreibst die Finsternis, du gibst deine Strahlen,
die beiden Länder sind im Fest täglich.

Was auf Füßen steht, erwacht: Du hast sie aufgerichtet,
sie reinigen ihren Körper und ziehen Leinengewänder an;...

Alles Vieh befriedigt sich an seinen Kräutern,
Bäume und Pflanzen wachsen...

Die Fische im Fluß
hüpfen vor deinem Angesicht;
deine Strahlen sind im Innern des Ozeans...

Wenn das Küken im Ei
redet in der Schale,
dann gibst du ihm Luft darinnen, um es zu beleben;..

Du hast die Erde erschaffen nach deinem Herzen, der du allein warst,
mit Menschen, Herden und jeglichem Wild,
allem, was auf Erden ist und auf (seinen) Füßen läuft,
(allem) was in der Luft ist und mit seinen Flügeln auffliegt.

Die Fremdländer von Syrien und Nubien
und das Land von Ägypten:
Du stellst jedermann an seinen Platz und schaffst ihren Bedarf,
jeder Einzelne hat zu essen, seine Lebenszeit ist festgesetzt.... (Assmann, 216–219)

Die Sonnenhymnen, die bereits um 1360 v. Chr. entstanden sind, weisen viele Übereinstimmungen mit dem Psalm 104 auf. Es sind dieselben Grundgedanken, die dahinter stehen: Es ist ein Gott, der all diese Prozesse in Kraft setzt. Er ist es, der das Leben gibt und erhält.
Die Regentschaft Echnatons dauerte 17 Jahre, auf ihn folgt, nach einem kurzen Interregnum des Königs Semanchkare, der Kindkönig Tutanchaton (»das-lebende-Abbild-des-Aton«). Unter ihm wurden die alten Götter wieder eingesetzt und auch er ändert, wie sein Vorgänger Echnaton, seinen Namen. Er nennt sich nun Tutanchamun (»das-lebende-Abbild-des-Amun«). Es waren jedoch weniger religiösen Beweggründe, die dazu führten, die »alten« Götter wieder einzusetzen, sondern es waren politische und wirtschaftliche Faktoren, die dies notwendig machten (siehe auch »Tempel als Wirtschaftsfaktor«).

Themen zum Überlegen und Diskutieren:

- *Kann ein Kind mit circa 8/9 Jahren regieren?*
- *Wer hatte wohl mitzuentscheiden?*
- *Worauf verweist die Namensänderung?*

Eine Wand aus dem Grab des Imen-em-inet

76a/b Grabwand des Imen-em-inet; Gl. 298; Kalkstein; Sakkara; Neues Reich, 18. Dynastie, um 1300 v. Chr.

Auf dem Grabrelief des Obergoldschmiedes erkennt man auf der einen Seite acht trauernde Männer vor einer Grabfassade (Säulen). Sie gehen im Trauergestus, den Kopf auf die Hand gestützt, auf das Grab zu. Unterhalb dieser Szene ist Imen-em-inets Sohn Ptahmose in seiner Amtstracht als Priester zu erkennen. Er trägt eine Perücke und einen plissierten Schurz, der in der Taille beginnt. Darüber ist deutlich ein Leopardenfell (mit Tierkopf, vier Tatzen und Schwanz) zu sehen, die Amtstracht des Ptahmose. Die rechte Hand streckt er im Rezitationsgestus, Arm und Hand erhoben, aus. Es werden im Rahmen der Opferhandlungen verschiedene Götter genannt.

Auch auf der anderen Seite der Grabwand ist ein Priester dargestellt, dieses Mal jedoch ist er kahlköpfig. Er trägt ebenfalls einen plissierten Schurz. Als Amtstracht ist wieder das Leopardenfell zu sehen. In seiner rechten Hand hält der Priester ein Libationsgefäß (Trankopfer), aus dem durch zwei gewellte, nach unten verlaufende Linien, das Ausgießen des Trankopfers verdeutlicht wird. Die Linke hält einen Räucherarm, der für das Verbrennen von Weihrauch benützt wurde. Ein Räucherarm besteht aus Metall und endet vorne (hier: rechts) in einer geöffneten Hand. Oben, etwa in der Mitte des Räucherarmes, befindet sich ein kleiner Behälter zur Aufnahme des Weihrauchs, der in der »Hand« verbrannt wird. Hinten ist der Kopf eines Falken zu sehen. Solche Räucherarme fanden im täglichen Kult Verwendung.

Amun

97a Amun
ÄS 6978; Bronze;
Spätzeit, 26. Dynastie, um 600 v. Chr.

Sei gegrüßt, Amun-Re, Herr von Theben,
geschmückter Jüngling der Götter,
über dessen Anblick alle Gesichter jubeln!

Herr der Hoheit, der den Hochmut zum Schweigen bringt,
Herrscher aller Götter;
Großer Gott, der Lebendige, Geliebte,
über dessen Worte die Götter zufrieden sind.

König des Himmels, Schöpfer der Sterne,
Weißgold der Götter,
der den Himmel erschuf und das Lichtland geheim machte,
der die Götter entstehen ließ nach seinem Wort;

Amun-Re, Herr von Theben, Erster von Karnak,
Amun-Re, Kamutef, der auf seinem Thron sitzt,
Herr der Strahlen, der die Vielheit schuf,
hoch in der Doppelfeder, König der Götter,
großer Falke mit geschmückter Brust,
alle Menschen beten dich an, damit sie leben.
(Assmann,261, Nr.120)

Die Stand-/Schreitfigur aus Bronze zeigt den Gott in menschlicher Gestalt auf einer rechteckigen, beschrifteten Basis. Die Arme nehmen das Element der Dynamik auf, indem sie leicht nach vorne »gehen« und nicht »kraftlos« am Körper herabhängen. Auf seinem Kopf ist die für ihn typische Kappe (Krone) zu sehen. Diese trägt er häufig, wenn er menschengestaltig dargestellt ist. Auf der Kappe befinden sich eine Sonnenscheibe und zwei Federn. Die Falkenfedern und die Sonnenscheibe weisen auf den Aspekt eines Sonnengottes hin; Amun wird auch mit dem Beinamen »Herr der Strahlen« umschrieben. Die Kappe ist ähnlich der ägyptischen Königskrone und soll wahrscheinlich die enge Verbindung König – Gott hervorheben. Am Kinn ist ein geflochtener, nach vorne eingerollter Götterbart zu sehen. Der Bart ist kein natürlich gewachsener, sondern ein künstlicher. Er wurde umgebunden. Die Bartbinden sind auf beiden Seiten des Gesichtes als feine Einkerbungen wiedergegeben. Ein vierreihiger Halskragen (Schmuckstück) ist um den Schulterbereich der Statue gelegt. Der Oberkörper ist mit einem Leibchen, das ein Federmuster aufweist, bekleidet. Der mit ei-

nem Gürtel versehene Schurz des Gottes ist ein dreiteiliger Königsschurz (siehe Thutmosis III.). Er findet in dieser Statue Verwendung, um auf die herausragende Position von Amun aufmerksam zu machen: Amun als König der Götter.
Amun bildet mit Mut und Chons die Triade von Karnak. In den Pyramidentexten aus dem Alten Reich wird jedoch auch das Götterpaar Amun und Amaunet genannt. Hier zeigt es sich, daß sich in der Götterwelt Verbindungen auflösen, bzw. neue Verbindungen hinzu kommen können (Übertragen der weltlichen Strukturen in die Götterwelt).
Seit dem Mittleren Reich tritt Amun als Lokalgott von Theben auf. Weitere Erscheinungsformen des Gottes sind Widder, Gans, Mensch mit Widderkopf, Mensch mit Krokodilskopf, Mensch mit erigiertem Phallus oder Mensch mit Doppelfederkrone.
Die Funktion Amuns als Sonnen- und Himmelsgottheit wird durch die ikonographischen Details (Sonnenscheibe, Federkrone, Federmuster auf dem Leibchen) unterstrichen, darüberhinaus auch durch die Farbsymbolik: So wird Amun manchmal mit blauer Hautfarbe dargestellt, die auf seine solare Funktion hinweist. Der Fruchtbarkeitsaspekt wird durch seine grüne oder schwarze Hautfarbe (siehe Osiris) unterstrichen.

Mut

Die schreitende Mut wird in dieser Statue als Frau mit enganliegendem Kleid dargestellt. Mut trägt die Krone von Ober- und Unterägypten, die am unteren Rand von Uräen (aufgebäumten Kobras) gesäumt ist. Diese Krone sitzt auf einer Geierhaube, ein auch von Königinnen getragener Kopfputz, die eine Perücke umschließt. Mut trägt in der rechten herabhängenden Hand das Anch und in der Linken einen Papyrusstengel als Szepter. Seit der 18. Dyn. bildet sie mit dem Götterkönig Amun und ihrem Sohn Chons die Triade von Karnak. In dem riesigen Tempelbezirk besaß sie ihr eigenes Heiligtum, das »Ischeru« hieß. Bei der eindeutigen Identifizierung dieser Göttin hilft die Inschrift auf der Statuenbasis:
»Mut, die Große, die Herrin von Ischeru, gib Leben...«.
Weitere Erscheinungsformen der Göttin sind Frau mit Löwenkopf oder Löwe. Interessant ist, daß die Göttin »Mut« in Hieroglyphen genauso geschrieben wird wie »Mutter«.

Themen zum Überlegen und Diskutieren:

- *Welche anderen Götter können auch als Löwe dargestellt werden?*
- *Wäre die Göttin auch ohne Inschrift auf der Basis eindeutig zu identifizieren?*

106 Mut
Leihgabe
Bronze;
25. Dynastie, um 700 v. Chr.

Bes

Ein Gott, der durch seine besondere Gestalt auffällt, ist Bes. Er war für Musik und Tanz, aber auch für Mutter, Kind, Schwangerschaft und Geburt zuständig. Im Relief und in der Malerei wird er en face, d.h. von vorne gezeigt. Meist besitzt er ein vermenschlichtes Tiergesicht mit Löwenmähne und Löwenohren. Seine Stirn bildet tiefe Furchen, und er streckt die Zunge heraus. Der zwergenhafte Körper ruht auf krummen Beinen und weist oft einen Tierschwanz auf. Ein weiteres Element aus der Tierwelt ist die hohe Federkrone, die er häufig trägt.

Das absonderliche, furchterregende Aussehen soll das Böse abschrecken, und so Mutter und Kind beschützen (apotropäischer Charakter). Seine Erscheinungsform und seine Funktion kann man durchaus auch mit den apotropäischen Fabeltieren (Wasserspeier) an gotischen Kirchen vergleichen.

Der Gott wurde vor allem vom Volk verehrt (Volksglaube). Darstellungen von Bes befinden sich in vielen Tempeln und in einem besonderen Tempelteil, im Mammisi (Geburtshaus der Götter), fehlt er nie. Er gehört zu den pantheistischen Gottheiten, die viele Funktionen in sich vereinen und ist so natürlich auch vielseitig »einsetzbar«. Bes gehörte als Tänzer zum Gefolge der Göttin Hathor. Er beruhigte sie durch Musik und Tanz, wenn sie wütend war. Auch

121 Bes auf Papyrusdolde
ÄS 95
Bronze; Spätzeit

121 Pantheistischer Bes
ÄS 920;
Bronze

hier werden wieder weltliche Strukturen übertragen auf die Götterwelt. Zwergwüchsige (Pygmäen) wurden von den Ägyptern in großen Expeditionen aus dem Land der »Gottesbewohner« geholt. Diese waren dann an den Tempeln als Tempeltänzer (mit hohem sozialem Ansehen) tätig und erfreuten so die Götter.
Die weibliche Gottheit für Musik und Tanz ist Hathor, während die nilpferdgestaltige Thoeris mit Bes für den Schutz von Schwangerschaft und Geburt zuständig ist.

Themen zum Überlegen und Diskutieren:

- *Welche Unterschiede zwischen Populärgottheiten und der Staatsreligion gab es?*
- *Warum war wohl die Kindersterblichkeit im alten Ägypten so viel höher als bei uns?*
- *Warum waren Komplikationen bei der Geburt viel häufiger und warum führten sie auch häufig zum Tod von Mutter oder Kind?*
- *Wird bei uns auch noch Medizin und »Glaube« verflochten (Placebos), oder wurde nur im alten Ägyten Arznei und Magie vermischt?*

Kindgötter

Kinderdarstellungen unterscheiden sich im alten Ägypten von den Wiedergaben Erwachsener durch vier wichtige Kriterien, wobei alle vier Merkmale auftreten können, sie müssen es aber nicht immer:

- *Ein Kind trägt die typische Kinderlocke an der Seite des Kopfes, einen am unteren Ende eingerollten Zopf;*
- *ein Kind hat den Zeigefinger am Mund, den sog. Lutschfinger;*
- *ein Kind wird nackt dargestellt (auch das Königs- oder Götterkind),*
- *und es hockt am Boden.*

Der Kindgott Harpokrates

Harpokrates (Ḥr-pa-H̱rd = »Horus-das-Kind«) ist die kindliche Erscheinungsform des Gottes Horus (vgl. Horus als Mischwesen). Das Götterkind unterscheidet sich von den anderen Kindgöttern durch seine Krone. Eine Kappe umschließt eng den Kopf, an deren Stirnseite ein Uräus zu sehen ist. Auf der Kappe befindet sich die Sonnenscheibe, die auf eine Himmelsgottheit hinweist.

Die Darstellung von Horus einmal als Kind, und ein andermal als Erwachsener impliziert einen Alterungsprozeß gegenüber der Unsterblichkeit. Auch hier sind wieder irdische Verhältnisse auf die ägyptische Götterwelt übertragen.

Themen zum Überlegen und Diskutieren:

- *Unsterblichkeit des christlichen Gottes?*
- *Warum stellt man Kinder wohl nackt dar (Klima, Hygiene)?*
- *Welche anderen Kindgötter gibt es noch in der Vitrine?*
- *Haben die anderen Kindgötter in der Vitrine auch alle die vier Merkmale von Kinddarstellungen?*

109 Harpokrates
ÄS 5311; Bronze

Kultstatue eines Falkengottes

123a Kultbild eines Falkengottes
Leihgabe
Silber, Elektron; Spätzeit,
27.Dynastie, um 500 v. Chr.

Die Statue zeigt einen Falken, auf dessen Kopf die Krone von Ober- und Unterägypten sitzt und an dessen Stirnseite ein Uräus zu sehen ist. Der silberne Falke hat auf der Krone, auf den Deck- und Schwungfedern und auf der Brust als Schmuckhalskragen Einlagen aus Elektron, die im Tauschierungsverfahren ausgeführt worden sind. Das wertvolle Material, die aufwendige Herstellung, die Bearbeitung und natürlich die Größe des Objektes weisen wieder auf ein Kultbild (vgl. Sobek) hin. Es könnte ein Kultbild des Gottes Horus sein, obwohl auch andere Götter als Falken dargestellt werden können. Da Horus von Edfu (Hauptkultort) den Beinamen »Der mit schillerndem Gefieder« hat, liegt eine Identifizierung mit diesem Gott nahe. Eine enge Verbindung des Himmelsgottes mit dem König spiegelt sich in der Krone des Horus wider; er trägt die Königskrone, die Doppelkrone von Ägypten. Der König bezeichnet sich auch in einer seiner Königstitulaturen als »Horus« oder als »Goldhorus«. Der Gott erscheint auch als Kind (siehe Harpokrates) und als Mischwesen (siehe Nr. 11a Horus).
Andere Gottheiten, die ebenso als Falke auftreten können, sind der Gott Sokar und die Göttinnen Isis und Nephthys.

Osiris

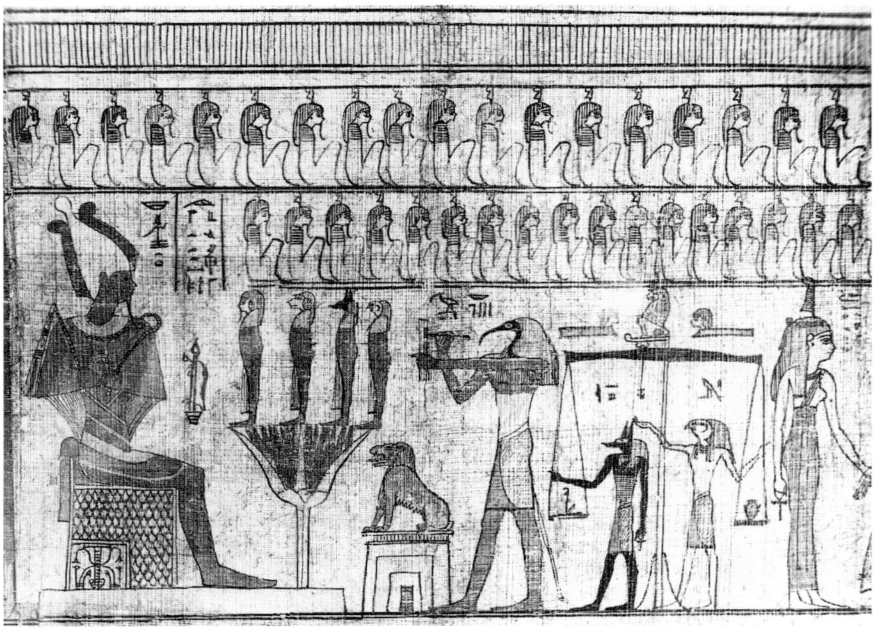

128 Totenbuch des Pajuheru
Leihgabe; Malerei auf Papyrus;
Ptolemäerzeit,
2./1. Jhdt. v. Chr.

Es gab viele verschiedene Götterfamilien im alten Ägypten, aber nur um eine Familie, die Triade von Abydos – Osiris, Isis und Horus –, gab es einen solch gefühlsbetonten Mythos. Osiris wird von seinem Bruder Seth ermordet und zerstückelt. Isis sammelt die über ganz Ägypten zerstreuten Teile ein, fügt sie zusammen, belebt so ihren toten Gatten wieder und empfängt von ihm »Horus-das-Kind« (Harpokrates). Im Papyrusdickicht versteckt sie ihn vor seinen Feinden, an denen er später den Tod seines Vaters rächen wird.

Osiris als Unterwelts- und Auferstehungsgott ist hier beim Beaufsichtigen des Wägens des Herzens gezeigt. Der auf einem Thron sitzende Gott wird in seiner typischen Form – den Körper in Mumienbinden eingewickelt, aus denen die Hände herausschauen – dargestellt. In den Händen hält er Krummstab und Wedel, seine Herrschaftsinsignien. Er trägt die Krone von Oberägypten, an deren Seiten jeweils eine Straußenfeder befestigt ist (Atefkrone). Seine Hautfarbe ist hier grün (oftmals auch schwarz) angegeben, ein Hinweis auf seine Funktion als Gott der Fruchtbarkeit und Auferstehung.

Schwarz war das Land nach der Nilhochflut. Wenn langsam der Nil in sein Bett zurüchkehrte, ließ er den schwarzen, fruchtbaren Schlamm auf den Feldern zurück. Aus diesem »Schwarzen« (altägyptisch Kmt = Eigenname Ägyptens) konnte nun neues Leben sprießen. Das frische Leben war grün, der »frische« Pflanzenbewuchs, hinter dem Jugend und Kraft steckt, galt als Symbol für »neues Leben«, im übertragenen Sinne für Auferstehung. (Bei uns hat die Farbe Grün auch eine Farbsymbolik, die sehr ähnlich der altägyptischen ist: Hoffnung, Frühling, neues Leben nach dem Winter).

Nach dem altägyptischen Mythos wurde Osiris erst zum Auferstehungsgott und damit Herrscher der Unterwelt, als er den Tod überwunden hatte. Dadurch ist es ihm möglich geworden, den Verstorbenen bei der Überwindung ihres Todes beizustehen. Mit dem Ausdruck »Zu Osiris werden« verbanden die Ägypter das Eingehen in die »Gefilde der Seligen«, also die Auferstehung im Jenseits.

Themen zum Überlegen und Diskutieren:

- *Welche Assoziationen verbinden wir mit der Farbe Grün und welche mit der Farbe Schwarz?*
- *Unterschiedliche lokale Ansiedlungen des Jenseits (Altägypten Unterwelt, unsere Religion - Himmel)*
- *Übereinstimmungen und Unterschiede in den Religionen: Durch den Tod einer Person wird den Menschen geholfen.*

Isis mit Horus

135 Sitzende Isis mit Horusknabe
ÄS 5309; Bronze;
25./26. Dynastie, um 650 v. Chr.

Die große Isis, die Gottesmutter,
die Herrin des Himmels,
die Herrin aller Götter,
die Herrin aller Kinder,
die viele Erscheinungen haben.

Isis, die treue Gemahlin von Osiris (gleichzeitig auch seine Schwester), die Gottesmutter, wird oft als sitzende Frau mit einem Kind auf dem Schoß, das sie stillt, dargestellt.
Isis, auf deren Schoß ein nacktes Kind mit Jugendzopf und Uräus sitzt, hält dieses mit ihrer linken Hand am Hinterkopf und führt die rechte zur Brust (Stillhaltung). Auf dem Kopf trägt sie ein Kuhgehörn, in dessen Mitte die Sonnenscheibe angebracht ist. Isis wird ab etwa 1000 v. Chr. zur Universalgöttin in Ägypten. Sie ist die stillende Gottesmutter (Isis lactans) schlechthin und die treusorgende Gemahlin, die sich um ihren Gatten kümmert. In der Rolle als Schutzgöttin wird sie oftmals auch als Frau mit ausgebreiteten Flügeln (Engel) dargestellt.

Themen zum Überlegen und Diskutieren:
- *Wird in der katholischen Religion die Mutter Gottes auch mit ihrem Kind auf dem Arm haltend dargestellt?*
- *Gibt es in der christlichen Religion auch Wesen mit Flügeln?*

Chronologie

Vorgeschichte
(6.–4. Jtsd. v. Chr.)
Kulturen, die nach ihren Fundorten benannt werden: Merimde-, Tasa-, Badari und Naqada-Kultur. Bereits Kontakte zum Ausland: im Süden mit Nubien, im Norden zu Palästina.

Protodynastische Zeit
(3200–3000 v. Chr.)
Übergang zur dynastischen Zeit. Der Staat wächst aus vielen vorgeschichtlichen Kulturen zusammen. Entstehung des Königtums.

Frühzeit
(3000–2670 v. Chr., 1./2. Dynastie)
Ausbildung der Grundprinzipien ägyptischer Kunst. Aufbau einer Beamtenschaft und Entwicklung der Schrift.

Altes Reich
(2670–2200 v. Chr., 3.–6. Dynastie)
In der 3. Dynastie Stufenpyramide des Djoser (Beginn des Pyramidenbaus). Die Zeit der »Großen Pyramiden« in Giza (Cheops, Chefren und Mykerinos) ist die 4. Dynastie. Vergängliches Material wird bei religiösen Bauten durch Stein ersetzt. Der Sonnengott Re ist Staatsgott (Bau der Pyramiden – in Richtung Sonnengott). In der 5. Dynastie wurden viele Sonnenheiligtümer mit offenem Hof und Obelisken errichtet. Der Obelisk galt als Sitz der Sonne (auf dessen Spitze sie sich niederließ).

1. Zwischenzeit
(2200–2050 v. Chr., 7.–11. Dynastie)
Auflösung des einheitlichen Staates, verschiedene lokale Herrscher und lokale Kunstzentren.

Mittleres Reich
(2050–1700 v. Chr., 11./12. Dynastie)
Einigung des Reichs durch thebanisches Fürstengeschlecht der 11. Dynastie. Handelsbeziehungen nach Vorderasien und Kolonialisierung Nubiens. Weiterhin Pyramidenbau, jetzt aus Ziegeln. Der Osirisglaube (Unterwelt) tritt in den Vordergrund.

2. Zwischenzeit
(1700–1550 v.Chr., 13.–17. Dynastie)
Abermaliger Zusammenbruch des Zentralstaates, rasch wechselnde Herscher. 15./16. Dynastie Fremdherrscher (Hyksos) aus Vorderasien in der Deltahauptstadt Auaris.

Neues Reich
(1550–1100 v. Chr., 18.–20. Dynastie)
Abermalige Einigung Ägyptens von Oberägypten ausgehend. Ägypten entwickelt sich zur Großmacht mit der Hauptstadt Theben. 18. Dynastie: kurze Periode des Monotheismus durch Echnaton (Amarnazeit). 19./20. Dynastie: Ramessidenzeit mit Hauptstadt im Ostdelta, nahe der früheren Stadt Auaris. Allmählicher Zerfall des Reiches, Seevölkerschlachten. Die Verehrung Amuns von Theben wird Staatsreligion, verschmilzt teilweise mit Re.

3. Zwischenzeit
(1100–700 v. Chr., 21.–24. Dynastie)
Abermaliger Zerfall der Reiches. Innerägyptische Kriege, verschiedene Herrscher gleichzeitig mit unterschiedlichen Hauptstädten.

Spätzeit
(700–330 v. Chr., 25.–31. Dynastie)
Nubische Fremdherrscher (Kuschiten) in der 25. Dynastie. Assyrische Eroberungszüge. Politische Selbständigkeit in der Saitenzeit (26. Dynastie). Perserherrschaft in der 27. Dynastie.

Ptolemäerzeit
(330–30 v. Chr.)
Eroberung durch Alexander den Großen. Nachfolger Ptolemäerdynastie. In Unterägypten starker hellenistischer Einfluß.

Römische Kaiserzeit
(30 v. Chr.-350 n. Chr.)
Ägypten wird römische Provinz. Übernahme altägyptischer Götter durch die Römer. Über Rom und Griechenland kommen Vorstellungen, die in dieser Religion verhaftet sind, nach Europa. Vordringen des Christentums schon im 1. Jh. nach Ägypten. Einbau christlicher Kirchen in altägyptische Tempel.

Städte

Abydos

Nekropolen von prädynastischer bis koptischer Zeit. Abydos ist die griechische Variante des altägyptischen Ortsnamens abḏw (Abdschu). Hauptkultort des Gottes Osiris. Tempel Sethos' I. mit Königsliste, sog. Abydosliste, die die Königsabfolge bis Ramses II. wiedergibt. Dahinter das Osireion, Scheingrab des Osiris. Ab MR Wallfahrtsort zum »Grab des Osiris«. Errichtung von Stelen und Kapellen als Scheingräber (Kenotaphe) der Beamten dieser Zeit.

Alexandria

Gründung Alexanders des Großen 332 v. Chr. Hauptstadt des Ptolemäerreiches mit überwiegend griechischer Bevölkerung.

Amarna

Siehe Tell el Amarna

Assiut

Heute auch Siut, antiker Name bedeutet: der Wächter, denn Assiut lag am Ausgangspunkt des Karawanenweges, der »Straße der 40 Tage«, über die Oase Charga in den Süden. Hauptgott ist der schakalsgestaltige Upuaut.

Assuan

Antiker Stadtname Sunu, griechisch Syene. Die altägyptische Stadt befindet sich unter der heutigen Südstadt. Auf der Westseite Nekropole (Qubbet el Hawa) mit wichtigen Felsgräbern der Gaufürsten des AR und MR. (Siehe auch Philae).

Bubastis

Stadt im Ostdelta, Hauptkultort der Göttin Bastet. Tempelbauten ab dem AR; Palast des MR, Festhalle des Osorkon (3. Zwischenzeit).

Buto

Stadt im Westdelta, wichtiges Zentrum der Vorgeschichte, wird zum mythologischen Ort in der dynastischen Zeit.

Dendera

Hauptkultort der Göttin Hathor. Tempel aus der griechisch-römischen Zeit. Kapelle aus dem MR (Mentuhotep II.). Hathortempel mit Relief von Kleopatra VII. und Cäsarion auf der Rückwand; auf dem Dach Osiris-Kammer mit astronomischer Decke (Tierkreis, heute im Louvre), Geburtshaus (Mammisi) der Spätzeit und von Augustus. Sanatorium (Heilschlaf im Tempel) aus römischer Zeit.

Edfu

Hauptkultort des Gottes Horus; Stadt und Nekropole ab dem AR belegt. Der Horustempel ist der besterhaltenste Tempelbau in Ägypten, Baubeginn in der Ptolemäerzeit, Vorgängerbauten aus der 25. Dynastie und der Ramessidenzeit. Im Umgang zwischen Tempelhaus und Umfassungsmauer Darstellung des Horusmythos vom Kampf zwischen Horus und Seth.

Elkab

Hauptkultort der Nechbet, Landesgottheit von Oberägypten. Stadtruinen mit großer, guterhaltener Lehmziegelmauer und Tempelruinen. Tempel aus ptolemäischer Zeit.

Esna

Letzter Tempelbau Altägyptens (Chnum-Tempel) mit Inschriften römischer Kaiser (Trajan, Nero) mit Vorgängerbauten aus pharaonischer Zeit.

Fayum

Mit dem Niltal durch den Bahr el-Jussuf verbundene Oase mit dem See Birket Qarun. Hauptgott war Sobek. Kultivierung durch Entwässerung im MR durch Amenemhet III.

Heliopolis

Als Hauptkultort des Sonnengottes Re-Harachte eines der wichtigsten religiösen Zentren des Landes, jedoch nur noch geringe Überreste der ursprünglichen Tempelbauten (Obelisk Sesostris' I.) vorhanden. In Mataria alter Sykomorenbaum, unter dem nach der Legende Maria mit Jesuskind auf der Flucht nach Ägypten gerastet hat.

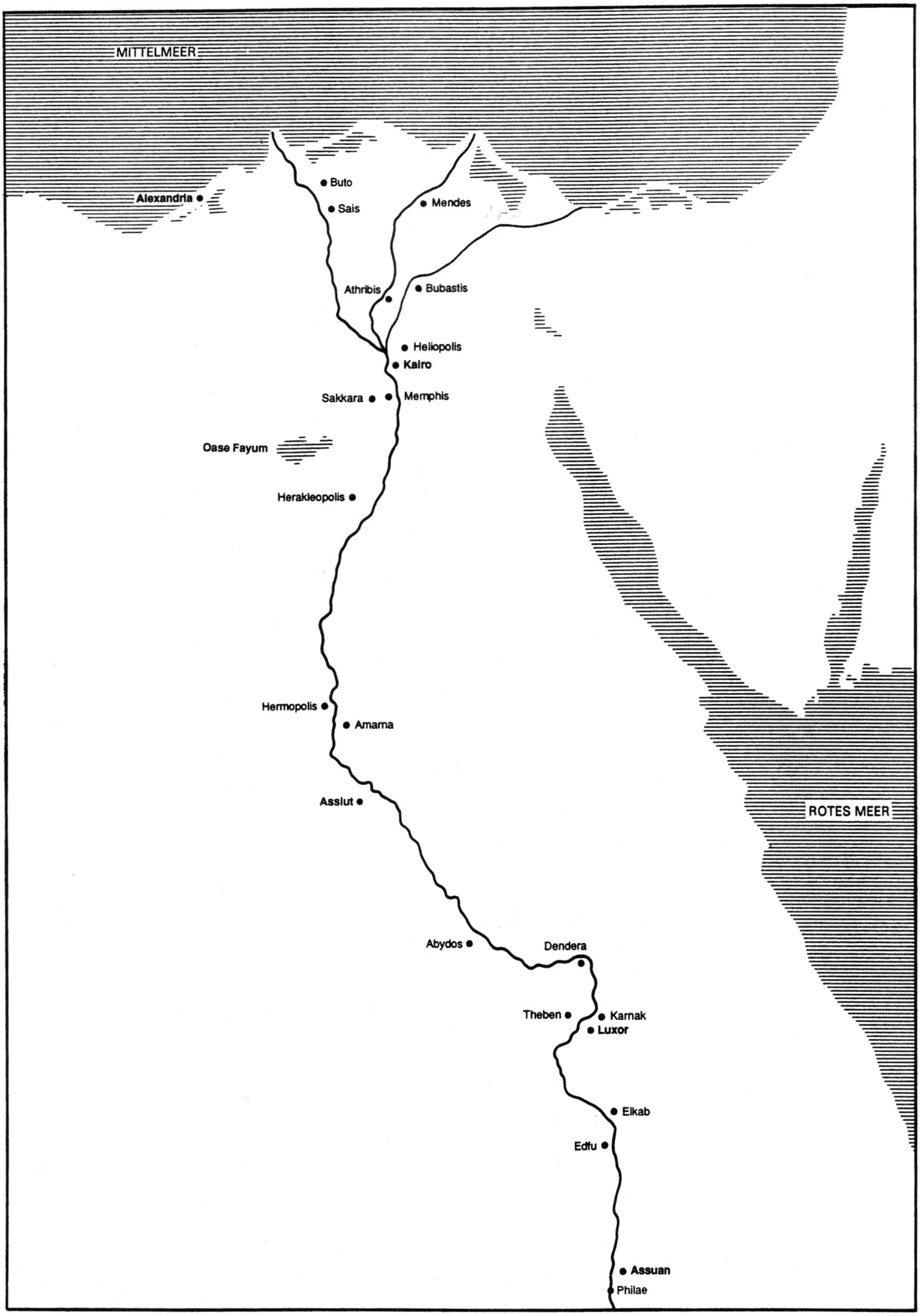
MITTELMEER
Buto
Alexandria
Sais
Mendes
Athribis
Bubastis
Heliopolis
Kairo
Sakkara
Memphis
Oase Fayum
Herakleopolis
Hermopolis
Amarna
Assiut
ROTES MEER
Abydos
Dendera
Theben
Karnak
Luxor
Elkab
Edfu
Assuan
Philae

Herakleopolis

War eine der wichtigsten Städte in Mittelägypten, Residenz der Könige der 9./10. Dynastie (1. Zwischenzeit) Hauptgott war der widderköpfige Harsaphes.

Hermopolis

Hauptkultort des Gottes Thoth. Tempel aus der Zeit des Neuen Reichs mit kolossalen Pavianfiguren. Wichtiger Fundort von Reliefblöcken (Talatat) aus dem benachbarten Amarna, die hier wiederverwendet wurden.

Kairo

Hauptstadt Ägyptens, 14 Millionen Einwohner im Großraum. Liegt wie in der Antike (s. Memphis) am Übergang zwischen Ober- und Unterägypten.

Karnak

Vgl. Theben (Theben-Ost)

Luxor

Moderne Großstadt in Oberägypten, Ort des antiken Theben.

Memphis

Die »Waage der beiden Länder« am Übergang von Ober- zu Unterägypten. Eines der drei wichtigsten Kultzentren des Landes, Hauptgott Ptah mit Sachmet und Nefertem. Aus dem Bezirk des Ptah-Tempels nur Einzelfunde, da im Fruchtland gelegen (Kolossalstatuen Ramses' II., sog. Alabastersphinx, Balsamierungsstätte der Apis-Stiere). Hauptstadt im AR, in der 18. Dynastie Sitz des Heeres, unter Tutanchamun und Haremhab vorübergehend wieder Residenz.

Philae

Tempelstadt auf einer Insel südlich von Assuan, wegen des neuen Staudammes in den 70er Jahren verlegt auf die Insel Agilkia. Tempel der Isis aus der Ptolemäerzeit, Vorgängerbauten. Außerdem Trajanskiosk, Tempel der Hathor, Heiligtum des Imhotep, koptische Kirchen. Philae war Rückzugspunkt der altägyptischen Religion bis ins 5. Jh. n. Chr.

Sakkara

Wichtigste Nekropole des AR, Namensgebung nach dem Totengott Sokar, zu Memphis gehörend. Große Privatgräber der Frühzeit (Ziegelarchitektur) sowie zahlreiche Mastaba-Gräber der 5. und 6. Dynastie (Ti, Ptah-Hotep, Mereruka, Kagemni). Königliche Nekropole seit der 3. Dynastie, Stufenpyramide des Djoser (Beginn der monumentalen Steinarchitektur), Pyramiden der 5. und 6. Dynastie (Unas, Teti). Privatgräber der späten 18. Dynastie mit bedeutenden Reliefs (Haremhab). Unterirdische Grabgalerien der Apis-Stiere.

Tanis

Hauptstadt der 3. Zwischenzeit mit riesigem Amun-Tempel, ein Großteil der Ausstattung (Säulen, Architrave, Obelisken, Statuen) stammt aus anderen Heiligtümern des NR.

Tell el-Amarna

Moderner Name der altägyptischen Stadt Achet-Aton, von Echnaton an einer vorher unbesiedelten Stelle gegründet (Grenzstelen). Tempel des Aton, private Nekropole, Königsgrab. Eines der wenigen erhaltenen Beispiele für Profanarchitektur in Ägypten (Palast mit Fußbodenmalerei, Wohnhäuser), da die Stadt kurz nach Echnatons Tod verlassen und nie wieder besiedelt wurde. Werkstatt des Thutmosis mit wichtigen Statuenfunden (Büste der Nofretete).

Theben

Altägyptischer Name »Die Stadt«, seit der 11. Dynastie wichtigstes religiöses Zentrum Ägyptens, Reichsgott Amun mit Mut und Chons. Hauptstadt der 11. und 18. Dynastie.
Theben-Ost: Karnak, Reichstempel des Amun, größte Tempelanlage Ägyptens, der von der 11. Dynastie bis in die Ptolemäerzeit ständig erweitert wurde (circa 2000 Jahre). In diesem Tempelbezirk befinden sich noch weitere Heiligtümer von Mut, Chons, Ptah, Month.
Südlich davon der Luxor-Tempel, mit Karnak durch Sphinx-Allee verbunden.
Theben-West: Nekropole des NR, dekorierte Beamtengräber (Menena, Nacht, Rechmire, Ramose). Tal der Könige mit Felsgräber der NR-Könige (Tutanchamun, Sethos I., Haremhab) sowie Tal der Königinnen (Nefertari). Totentempel von Hatschepsut (Deir el-Bahari), Ramses II. (Ramesseum), Ramses III. (Medinet Habu) sowie Memnonskolosse (Amenophis III.). Arbeitersiedlung Deir el-Medineh mit zugehöriger Nekropole. Palast von Amenophis III. (Malqata).

Literaturhinweise

Arnold, Dieter: Die Tempel Ägyptens, Zürich 1992.
Nicht nur die Baugeschichte der Tempel, sondern auch die Welt der Götter und Königskulte und die Funktion der Priester wird dargestellt.

Assmann, Jan: Ägyptische Hymnen und Gebete (Bibliothek der Alten Welt), Zürich und München 1975.
Viele Hymnen werden übersetzt und kommentiert.

Brunner, Hellmut: Grundzüge der altägyptischen Religion, Darmstadt 1983
Das Wesentliche der altägyptischen Religion wird anhand von ausgewählten Beispielen erklärt und verständlich gemacht.

Golvin, Jean-Claude / Goyon, Jean-Claude: Karnak/Ägypten, Tübingen 1990
Die Ergebnisse der Forschung zur altägyptischen Bautechnik; die Tempelstadt und die Funktion ihrer Bauten.

Hornung, Erik: Der Eine und die Vielen. Ägyptische Gottesvorstellungen, Darmstadt 1971.
Darstellung der Grundprinzipien der altägyptischen Götterwelt und Religion.

derselbe: Tal der Könige, Zürich und München 1983.
Die Entwicklung der Königsgräber (mit Grundrißzeichnungen) wird anhand der wichtigsten Gräber dargestellt. Ebenso wird auf Arbeiter, Arbeitsweisen und ältere Königsgräber eingegangen.

Sauneron, Serge / Stierlin, Henri: Die letzten Tempel Ägyptens, Zürich und Freiburg i.Br.,1978.

Die noch vorhandenen Baudenkmäler aus der ptolemäisch/römischen Zeit erlauben es, Rituale und Lebensformen in der Tempelstadt zu rekonstruieren.

Schoske, Sylvia / Wildung, Dietrich: Gott und Götter im Alten Ägypten, Berlin und München 1992.
Ausführliche Darstellung der Götter, ihrer Funktionen und Gestalten, der Priester und des Kultes.

dieselben: Ägyptische Kunst München, München 1985.
Eine Kunstgeschichte Altägyptens von der Vorgeschichte bis in die griech.-röm. Zeit sowie einem Kapitel über Meroe und das frühe Christentum.

Stadelmann, Rainer: Die ägyptischen Pyramiden, Darmstadt 1985.
Die Entwicklung des Pyramidenbaus sowie Totentempel und Kult werden besprochen, Vorurteile anhand wissenschaftlicher Untersuchungen widerlegt.

Objektblätter der Staatlichen Sammlung Ägyptischer Kunst München
Din A 4 beidseitig, Farbphoto.
Nr. 2 Eine Stele des Mittleren Reiches
Nr. 4 Der Sarg der Herit-Ubechet
Nr. 6 Eine Brozestatue des Gottes Amun
Nr. 8 Die Doppelstatue des Ni-User-Re
Nr.11 Die Scheintürnische der Chnumit

Abbildungsnachweise

Zeichnungen:

Abb. Seite 7 oben
Kazimierz Michalowski, Ägypten. Kunst und Kultur, Freiburg 1969, 571.

Abb. Seite 7 unten
Sylvia Schoske, Schönheit – Abglanz der Göttlichkeit. Kosmetik im Alten Ägypten, München 1990, 11.

Abb. Seite 13 oben
Zeichnung Fritz Gehrke.

Abb. Seite 14
Nina De G. Davies, El Amarna IV, London 1906, pl. XXXI.

Abb. Seite 28
Sylvia Schoske, Dietrich Wildung, Gott und Götter im Alten Ägypten, Mainz am Rhein 1992, VIII.

Fotos:

Staatliche Sammlung Ägyptischer Kunst, München

STAATLICHE SAMMLUNG ÄGYPTISCHER KUNST

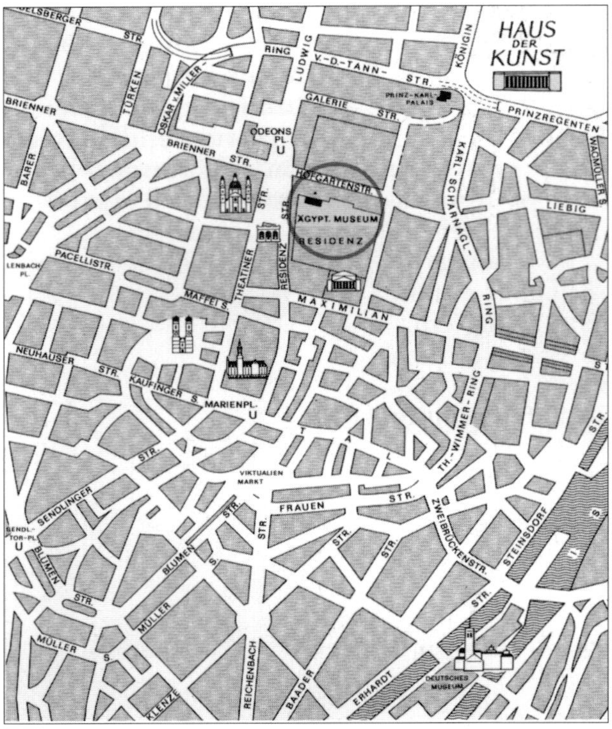

Residenz München, Hofgartenstraße,
Tel. (0 89/29 85 46)
U-Bahn (U3, U5, U6) Odeonsplatz
Bus 53 Odeonsplatz

Öffnungszeiten:
Dienstag – Freitag 9 – 16 Uhr,
Dienstag auch 19 – 21 Uhr,
Montag geschlossen
Samstag, Sonntag 10 – 17 Uhr

Eintritt:
Erwachsene DM 5,–
Ermäßigung DM 3,–
Schulklassen frei

Gruppen- und Schulklassenführungen nach vorheriger Vereinbarung
Photographieren (ohne Stativ) gestattet.

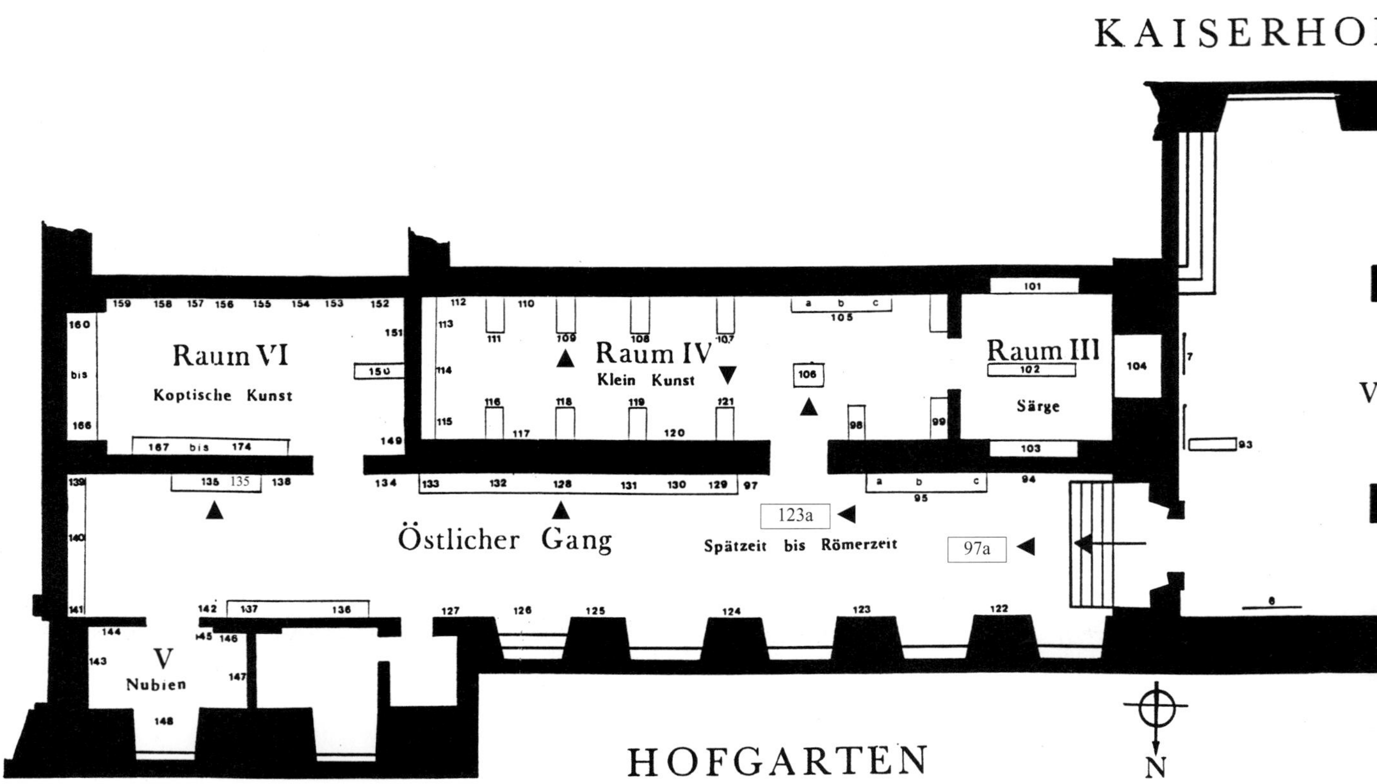